AF375093

Agradecimentos

Aos meus familiares, por todo amor, apoio,
ensinamentos e tempo.

A todos que passaram, passam e passarão em minha
vida, seus ensinamentos, sejam passados para mim
através de palavras soltas ao ar ou marcadas em um
livro, moldam constantemente quem sou.

Mensagem ao Leitor

Se você, caro leitor, está lendo isso, significa que possui preocupações relacionadas a área financeira, ou então, apenas o simples desejo de aprender mais sobre ela. Independentemente do motivo que tenha feito você procurar este exemplar, mesmo que seja uma divida, **parabéns, você deu um importante passo!**

Desejamos que você encontre aqui informações e métodos que sejam eficazes e mudem sua vida e organização financeira. Espero que com este livro o leitor possa viver bem e melhor, com o dinheiro que possui.

Sumário

Introdução

Todos dias as pessoas criam dividas. Isso ocorre, geralmente, ao buscarem satisfazer seus desejos de consumo e analisarem seus recursos sobre dados, informações e crenças que levarão ela a atos que podem vir a ser prejudiciais a longo prazo.

Juntos, iremos possibilitar com este livro que você tenha como se munir de dados e informações úteis e confiáveis, além de possivelmente quebrar antigas crenças, para criar novas.

Tudo isso para possibilitar que você mude sua relação com o dinheiro.

*A **escada** te leva de um patamar para outro, ela te eleva.*
Mas tudo isso só acontece quando você decide realizar o esforço de subi-la.
*A escada, encontrada em cada página deste exemplar, representa sua evolução, utilize ela como um símbolo de **força!***

1 Modo de agir: *Reflexão*

Usamos o dinheiro para satisfazer nossas necessidades e desejos, sejam estes prioridades ou não.

A forma como utilizamos o dinheiro pode variar de acordo com diversos fatores, como nossas condições econômicas, sociais, culturais, a tribo a qual pertencemos, os momentos da vida pelas quais estamos passando,decisões que estamos tomando ,investimentos que queremos fazer, como em um negócio próprio, entre outros.

Essa variação em nossa forma de gastar é fácil de ser visualizada, basta imaginar a diferença entre os gastos de uma família com filhos e sem filhos.

Mas e se eu te disser, que apesar dessas variações, mudar seu modo de agir pode ser o necessário para fazer o dinheiro não ser mais uma fonte de problemas, mas passar a ser uma fonte de solução.

Vejamos um exemplo de como não pensar, retirado de outro livro de mesmo tema que este:

"Nunca fui de me planejar pra comprar alguma coisa. Eu sempre fui de comprar, comprar, comprar. É triste, mas quando dez eu gasto dez, estou sempre comprando coisa. Quando não consigo comprar, fico mal, excluída.Fico pensando que ninguém vai me olhar, vou estar mal vestida, vou me sentir mal. Ter posses hoje em dia é tudo, se uma pessoa tá mal vestida tu não vai nem querer conhecer. Tem coisas que eu compro e acabo não usando. Naquele momento era a coisa mais incrível do mundo, e depois aquilo era só uma coisa a mais que eu tinha comprado... aí eu me arrependo, aí a sensação não é muito boa."- Ana.

Se identificou de alguma forma com o texto? Então isso significa que você precisa reprogramar sua forma de agir! Sei que é difícil, pois toda compra parecer ser justificada pelo lado racional de seu cérebro, mas será que elas são necessárias? Ou será que são apenas um desejo, ou seja, uma necessidade fabricada por nossa sociedade? Será que é realmente seu lado racional que está decidindo?

Modo de agir: *Sociedade de Consumo*

A sociedade em que vivemos e contruímos sobrevive de gerar a necessidade de consumo, ou melhor, o desejo de consumo. Ela pode apresentar diversas estratégias para isso, uma muito popular é criar, propositalmente, produtos de curta durabilidade, geralmente colocando outros mais modernos no lugar, esta estratégia, chamada "Obsoletismo programado", faz com que os produtos parecem desnecessários para nós. Um exemplo, para fazer você refletir, é o das empresas que vendem smartphones. Essas lançam modelos atualizados e mais avaçados todos os anos, criando uma sensação de atraso, incentivado o consumidor a comprar continuamente. Afinal, "você já não possui o celular mais avançado do mercado!" Essa sensação ocorre mesmo que você tenha comprado um celular há pouco tempo, como há apenas 1 ano.

Existem pessoas que ficam desesperadas com essa sensação de atra-

so, e no dia de lançamento deste mais novo aparelho, lá estarão elas, em uma fila enorme na loja mais próxima da marca, prontas para gastar seu dinheiro, que, em muitas situações, estava sendo guardado para uma finalidade maior, ou que é fruto de empréstimos ou crédito.

Com isso, fica a pergunta. Por que agimos assim?

Nossos comportamentos são definido, como já diria a filósofo Epicuro, em buscar o prazer e nos afastar da dor. No fundo, não tomamos decisões racionalmente, é o nosso lado emocional quem decide, buscando nos aproximar do prazer e nos afastar da dor, após isso, tenta explicar para o lado racional a escolha, fazendo você acreditar que aquela ação foi racional.

A maioria das compras excessivas funcionam com base em dois tipos de prazer, o "Prazer Instantâneo" e a "Sensação de Pertencimento".

Podemos analisar isto com o exemplo da Ana, que realiza compras excessivas de roupas pensando que "Quando não consigo

Modo de agir: *Por que agimos assim?*

comprar, fico mal, excluída, triste, não estou feliz daquele jeito. Fico pensando quando vou poder ter, porque sei que ninguém vai me olhar, vou estar mal vestida, vou me sentir mal. Ter posses hoje em dia é tudo status, se uma pessoa tá mal vestida tu não vai nem olhar pra ela, nem querer conhecer." O exemplo demonstra o medo de não ser aceito pela sociedade, sentimento que representa uma dor, logo, Ana deseja fugir disso. Ao comprar uma nova peça de roupa, ela se sente aliviada, afinal, agora "faz parte da sociedade".

Além de pessoas como a Ana, existem as que compram novos smartphones com o mesmo medo de não ser "aceito pela sociedade", por não estar atualizado  como esta exige, por não ter a sensação de pertencimento desejada.

Em relação a busca pelo prazer instantâneo, este ocorre, pois hoje em dia, não aceitamos adiar um prazer que pode ser imediato, evitamos a frustração (dor) e preferimos a satisfação instantânea de nossos desejos (prazer).

O maior problema deste tipo de pensamento está no fato de que ele pode vir a gerar uma dor maior no futuro, como uma divida, assim como também pode impossibilitar outros prazeres. Afinal, preferimos comer um "docinho" e tomar um "cafézinho" de tarde, que juntos somam R$5, todos os dias, incluindo finais de semana, do que guardar esse dinheiro, pois falamos para nós mesmos: " eu mereço, pois trabalhei duro hoje" ou "é exatamente o que preciso para ser produtivo".

Entretanto, não percebemos que ao final do mês teremos gasto R$150, apenas com "docinhos" e "cafés", mantendo este péssimo hábito durante 1 ano, você terá gasto 1800 reais, mais que um salário mínimo no Brasil hoje em dia. Imagine "os

prazeres" (como pagar uma divida) que deixam de ser aproveitados pela decisão de optar por prazeres instantâneos.

Boas decisões tem grande poder a longo prazo

Digo isto pois o dinheiro do exemplo anterior poderia ser economizado e utilizado para outra coisa, inclusive como renda futuramente, veremos isto de maneira mais aprofundada em outras páginas deste livro.

Sinta-se livre para analisar este poder além de cafés e doces! Imagine o quanto você poderia economizar analisando seus gastos excessivo. Isto também será um dos assunto de nossas próximas páginas.

Todo esse prazer instantâneo e medo de não aceitação, não passam de ilusões. Afinal, pensando no prazer instantâneo, este poderá gerar, no futuro, uma dor. Uma famosa frase de Epicuro é "Devemos procurar o prazer, evitar a dor, e evitar prazeres que tragam dores futuras". Uma divida é uma dor muito grande para se ter no futuro, podemos lidar com essa dor revendo nossos gastos e planejando eles.

Ao medo de não aceitação, um bem material não te faz melhor do que outra pessoa, talvez você até tenha essa sensação, mas lembre que é apenas uma ilusão. A próxima frase pode parecer muito clichê, mas é real, as pessoas ao seu redor devem te aceitar por quem você é e não pelo que tem.

Neste momento você já sabe que deve mudar seus hábitos de consumo.

Vamos analisar como realizar essas mudanças, de maneira eficiente nos próximos capítulos:

2 Planeje

Dinheiro na mão escorre como água quando não há planejamento financeiro, mas quando há, pode ser a solução para a realização de seus sonhos!

Você está em dúvida se deve comprar algo ou não? Então não compre!

Digo isso pois quando fazemos uma decisão, deixamos de realizar outras. Quando se trata de dinheiro, as opções que deixamos para trás ao decidir comprar algo são infinitas, afinal, as opções do mercado também são. Não precisamos comparar apenas coisas com o mesmo preço, pois o dinheiro economizado no "docinho" e "cafezinho" durante 5 anos, pode virar meses de intercâmbio.

Tendo isso em mente, podemos concluir que é necessário planejar nossos gastos, pois isso fará com que possamos viver de melhor forma, evitando ao máximo dores instantâneas e futuras, assim como possibilitando mais e maiores prazeres futuros.

Pensando nisso foi que disponibilizei, junto com esse livro uma planilha, que você pode ter acesso pelo seguinte site:
https://1drv.ms/u/s!AnRXIBTENxgXasdDF01 GQMbEJoA?e=zaaSgc

Indico baixar e realizar uma cópia dela em seu computador, para o caso de ocorrer erros.

Você deverá colocar nela todos os seus gastos, possibilitanto analisar eles da melhor forma possível utilizando os artifícios nela presentes, encontrando todos os seus excessos e onde você pode vir a economizar.

Além de te dar maior clareza sobre seus gastos, a planilha te ajudará nos próximos exercícios, que aliados a nova forma de pensar, poderão ser poderosos em sua vida financeira.

Exercício 1

Escreva todos os gastos que você considera que podem ser excessivos. Compare, após utilizar a planilha, com o exercício 8:

Exercício 2

Separe os gastos, analisados no exercício anterior, em classificações. Como: Moradia, Alimentação, Lazer, Transporte, Roupas, etc.

Exercício 3

Como você decide o que irá consumir?

Exercício 4

Como seus pais lidam, ou lidavam, com dinheiro?

Exercício 5

Você empresta ou já emprestou dinheiro para alguém? Descreva como foi a sensação:

Exercício 6

Como você se sente quando precisa pedir dinheiro emprestado?

Exercício 7

Como você poderia deixar suas decisões de consumo mais prudentes? Levando em consideração todas as respostas anteriores.

Exercício 8

Analisando a planilha, descreva todos os gastos que você considera excessivos. Compare, com o exercício 1.

Exercício 9 -Utilize a planilha

Classifique suas receitas e despesas:

Receitas fixas (não variam ou variam pouco)

Receitas variáveis (mudam de um mês para o outro)

Despesas fixas (não variam ou variam pouco)

Despesas variáveis (mudam de um mês para o outro)

Exercício 10 -Utilize a planilha

Você gasta mais, menos ou o mesmo que ganha?

____

____

____

____

____

____

____

____

____

____

____

____

____

____

____

Exercício 11 -Utilize a planilha

Como estão seus Gastos por Classificação? Quais classificações representam seus maiores gastos? Quais Classificações são as menos importantes? Encaixe elas no gráfico abaixo:

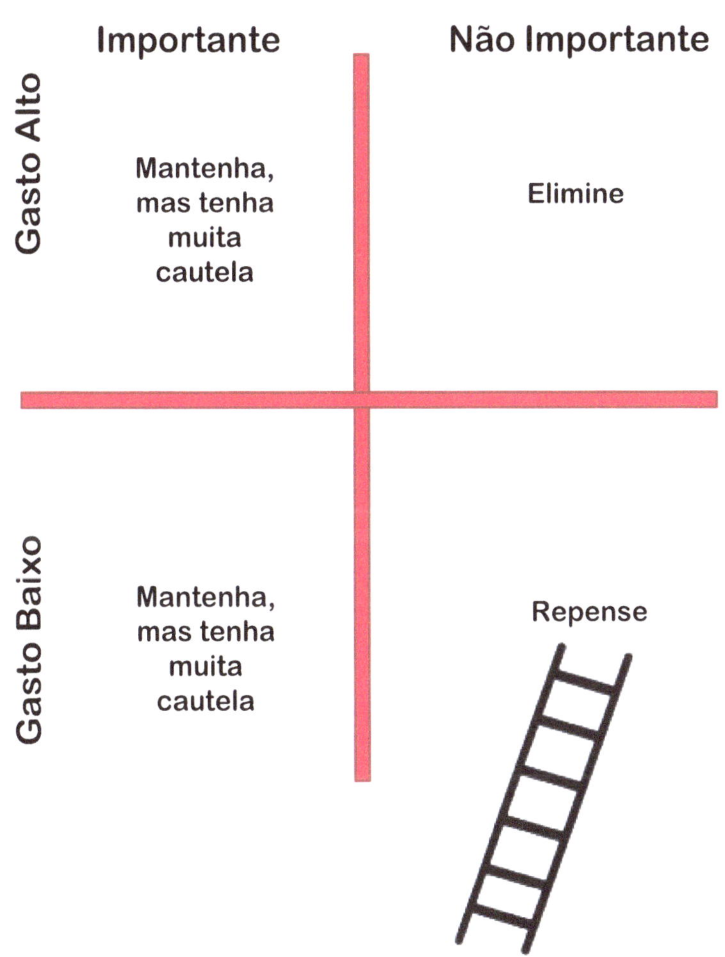

3 Reflita

Reflita se você realmente deve comprar algo. Pense nas outras opções que você teria se não gastasse o dinheiro comprando determinado objeto, se pergunte sobre a real necessidade da compra dele, será que não é apenas um medo ilusório de não ser aceito ou um Prazer Intantâneo que eu posso lidar me distraindo deste pensamento?

Irei repetir, mas se você está em dúvida se deve comprar algo ou não, então não compre!

Quando você se encontra nesta situação, significa que você quer comprar o objeto desejado, mas não está conseguindo justificar o ato para o seu lado racional, então você se sente confuso, você quer, mas não sabe se deve. Portanto, procure analisar a real necessidade e motivo de adquirir o produto, principalmente quando surge uma "oportunidade imperdível", um produto exclusivo ou um produto de "última geração".

Uma poderosa e simples técnica, que pode lhe ajudar a lidar com certos impulsos, é esperar para ver se o desejo persiste com o passar dos dias, isto pode funcionar pois você não está dizendo "Não" para a compra, mas está se dando um tempo para analisar ela, tempo suficiente para seu cérebro decidir se é uma compra boa ou não.

Lembre que quando fazemos uma decisão, deixamos de realizar outras.

4 Elimine Gastos

O maior objetivo deste livro é abrir seus olhos para seu atual mindset financeiro, possibilitanto que você se liberte das correntes do consumismo exagerado e possa sair da caverna dos endividados. Mas sempre decidindo de maneira virtuosa e prudente.

Se Platão prestasse conselhos financeiros, esta seria, sem sombra de dúvidas, sua frase favorita.

Brincadeiras a parte, agora que você realizou exercícios que lhe deram maior clareza sobre seus hábitos de consumo, analise e junte os insights que teve e procure eliminar TODOS os gastos excessivos e desnecessários.

Precisa de uma motivação para realizar essa ação?, tente calcular o tanto de dinheiro que você irá polpar a longo prazo.

Pensando no exemplo dos doces e cafés, que representa um hábito prejudicial. Caso este fosse abolido, poderia vir a gerar uma economia de 1.800 reais em 1 ano, e 18.000 reais em 10 anos.

O poder de acabar com maus hábitos:

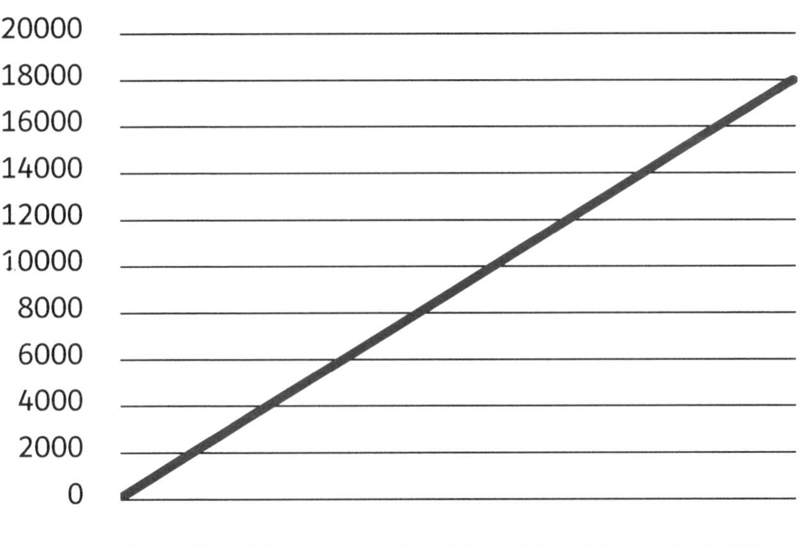

5 Poupe e crie metas

Você respondeu se gasta mais, menos ou o mesmo que ganha?

Dependendendo de sua resposta, e não estou dizendo que se você gasta menos está "Tudo bem", você deve começar a agir o mais rápido possível!

Uma ótima técnica para lhe ajudar a poupar, eliminar gastos desnecessários e a refletir se realmente deve comprar algo, é definir uma meta para seu dinheiro, pode ser qualquer coisa, mas a melhor meta é juntar dinheiro suficiente pra realizar um SONHO.

Nossos sonhos e desejos são os motores de nossa vida, são os ingredientes que tornam nossa existência mais prazerosa. Além disso, eles representam um prazer tão grande para nós, que permite que enfrentemos dores, para torna-lo realidade. Mas um detalhe importante sobre quase

todos os sonhos, e que talvez teus pais não tenham te contado, é que eles precisam de planejamento financeiro para se realizarem!
Para te ajudar a definir seus sonhos, segue um exercício poderoso!

<u>Responda:</u> Quais são meus sonhos? Quais deles precisam de planejamento financeiro?O meu sonho é possível de ser realizado? Eu posso planejar a realização do meu sonho? Após anote os passos para realizar cada um de seus sonhos.

6 Técnicas da vergonha

Costumamos ter vergonha de fazer algumas coisas, pois nos preocupamos sobre a opinião de outras pessoas em relação a gente. Essa preocupação, se demasiada, está fazendo você perder ou deixar de ganhar dinheiro.

Experiemente: Pesquisar preços, Negociar descontos ou até pedir para o vendedor entrar em contato contigo quando o preço estiver mais interessante, você provávelmente conseguirá comprar o mesmo produto por um preço mais barato.

Para ganhar mais dinheiro experiemente realizar bicos e outros trabalhos temporários, você pode até fazer isso pela internet. Esse tipo de ação pode ser muito interessante para você ganhar uma renda extra e utilizar ela de maneira inteligente.

Você não deve ter vergonha de realizar este tipo de serviço, pois significa que você está correndo atrás de seus sonhos e saúde financeira. Outra opção é utilizar sua criatividade e procurar vender algo, sejam doces, roupas e etc. Vender coisas compradas, mas que não possuem mais utilidade, pode ser uma boa forma de ganhar mais dinheiro e dizer para seu lado consumista que você está mudando. Procure suas roupas menos utilizadas e venda, será doloroso, mas gerará mudanças.

    Além de tudo isso, procure entender **SEUS DIREITOS**, não estou te incentivando a gerar discussões em lojas pelo país, mas entender seus direitos pode ser uma poderosa forma de não perder dinheiro. Para isso, busque maiores conhecimentos sobre o Código do Consumidor.

7 SEMPRE atualize sua planilha

Reforço a utilização da planilha, que pode ser acessada pelo site:
https://1drv.ms/u/s!AnRXIBTENxgXasdDF0 1GQMbEJoA?e=zaaSgc

Sua planilha será uma importante arma na guerra contra seus maus hábitos de consumo, então use e abuse dela, atualize SEMPRE os dados, analise os gráficos fornecidos e utilize a área de investimentos.

A importância em atualizar a planilha está em poder ver e analisar como você está operando financeiramente, além de deixar claro a sua evolução, a quantidade de dinheiro que você está poupando, tendências de consumo, se você consome de maneira diferente a cada mês, etc.

Os dados ali presentes serão utilizados pelo seu cérebro na hora de você realizar uma compra. Ele irá começar a levar em consideração seus gastos já realizados, o quanto falta para você atingir seus sonhos, além de sua necessidade e vontade por determinado produto.

Espero que esta planilha crie em ti um hábito de atualizar ela, além de maiores condições de análise antes de uma compra. Tudo isso para mudar sua vida!

8 Investimentos

Investimentos de longo prazo podem ser o segredo para você enriquecer, lembra do exemplo dos "docinhos" e "cafézinhos"?

O dinheiro gerado pela quebra daquele mau hábito pode ser mais mágico do que 1800 reais em um ano. Na realidade, ele pode ser R\$ 568.078,66 (Quinhentos e sessenta e oito mil e setenta e oito reais e sessenta e seis centavos), gerando R\$ 2.203,90 de renda mensal após 50 anos, sobre uma rentabilidade de 0,5% ao mês. Tudo isso apenas de "docinhos" e "cafézinhos" durante a tarde.

Entretanto, 50 anos parece muito tempo para esperar certo?

Mas se investirmos 520 reais todo mês, que representa metade de um salário mínimo em 2020, teremos em menos de 30 anos, 500 mil reais, exatemente R\$ 525.463,98 (Quinhentos e vinte e cinco mil, quatrocentos e setenta e três reais e noventa e oito centavos). Após 50 anos de investimento serão quase 2 milhões de reais, exatamente

R$ 1.969.339,36 (um miilhão, novecentos e sessenta e nove mil, trezentos e trinta e nove reais e trinta e seis centavos). Isso tudo com meio salário mínimo.

As projeções não levam em consideração a inflação.

Em nossa planilha há uma área para investimentos, lá você decide quanto irá aplicar inicialmente e mensalmente, além da rentabilidade da aplicação. É necessário dizer que existem diversos tipos de investimentos, mas como este não é necessáriamente o tema do livro, deixarei a cargo do leitor pesquisar de forma aprofundada, caso haja interesse.

Nas próximas páginas você encontrará gráficos retirados da planilha, que demonstram a evolução dos investimentos dados como exemplo.

Outra forma extremamente importante de investimento é o realizado para obter conhecimentos. Como já dizia Benjamin Franklin, "Investir em conhecimento sempre paga os melhores juros".

Investimento 1:
150 reais ao mês, rentabilidade de 0,5% ao mês.

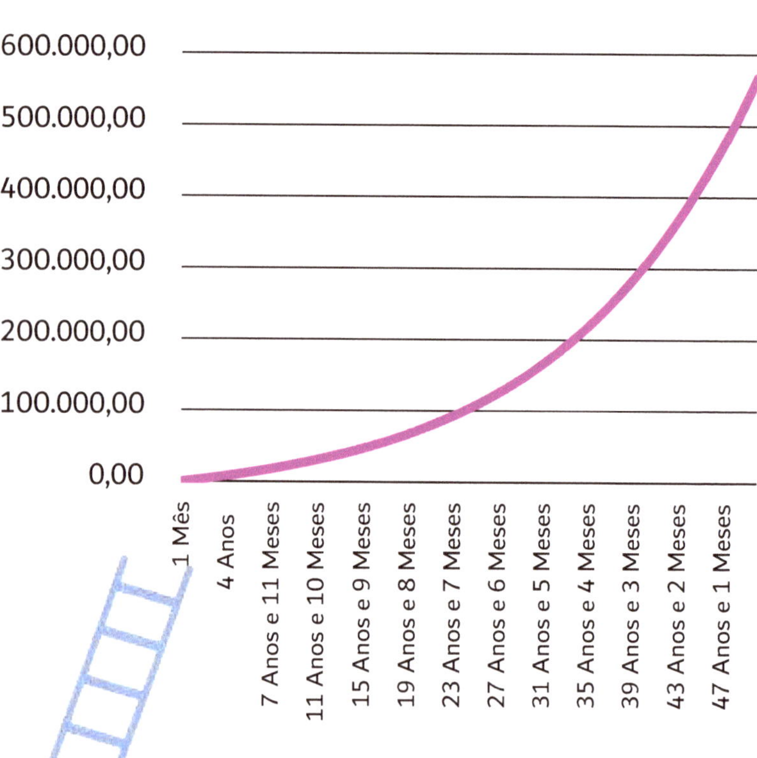

Investimento 2:
520 reais ao mês, rentabilidade de 0,5% ao mês.

9 Prazer do Altruísmo & Prazer Instantâneo

Para finalizar este exemplar proponho uma reflexão. Já vimos que o Prazer Instantâneo é um dos motivos que fazem com que nosso dinheiro seja gasto de maneira excessiva. Além de prejuízos financeiros, este também causa uma sensação de culpa quando percebemos que não deveríamos ter comprado aquele item, pois percebemos que este só causou, de alguma forma, dor em nós. Podemos considerar a sensação de culpa, como uma dor que devemos evitar, agindo da forma que realmente devemos agir.

Se você, leitor, está lendo este livro, provavelmente possui, apesar de todas as dificuldades, condições para ter uma saúde financeira melhor do que parte da população brasileira, tendo em vista que dados do IBGE de 2018 dizem que 13,5 milhões (6,5% da população) de brasileiros sobrevivem com renda per capta inferior a 145 reais por mês, ou seja, menos que 5 reais por dia. Existem outros dados muito alarmantes em relação a situação de vida dos brasileiros.

Quando você ajuda alguém, seja a pessoa conhecida ou não, se sente invadido por uma sensação boa? Sente o Prazer do altruísmo?

Creio que sim! Logo, lhe convido a buscar mais este prazer, afinal, diferentemente do Prazer Instantâneo, este não gera arrependimentos.

O Prazer do Altruísmo e da Soliedariedade te impulsiona a evoluir, é um impulso para subir mais degraus de sua escada. Afinal, o altruísmo irá te motivar. Sendo assim, é uma ótima forma de fazer bem para si mesmo, sentir prazer e ajudar o próximo, mesmo com custos e prejuízos envolvidos.

Portanto, apesar de serem diferentes, experiemente trocar o Prazer Instantâneo pelo Prazer do Altruísmo e da Soliedariedade.